BEI GRIN MACHT SICH IHR WISSEN BEZAHLT

- Wir veröffentlichen Ihre Hausarbeit, Bachelor- und Masterarbeit
- Ihr eigenes eBook und Buch - weltweit in allen wichtigen Shops
- Verdienen Sie an jedem Verkauf

Jetzt bei www.GRIN.com hochladen und kostenlos publizieren

Pamela Wittenberg

Haftendes Eigenkapital von Banken: Aufsichtsrechtliche Anforderungen und Auswirkungen auf die aktuelle Kreditvergabemöglichkeit deutscher Großbanken

GRIN Verlag

Bibliografische Information der Deutschen Nationalbibliothek:

Die Deutsche Bibliothek verzeichnet diese Publikation in der Deutschen Nationalbibliografie; detaillierte bibliografische Daten sind im Internet über http://dnb.d-nb.de/ abrufbar.

Dieses Werk sowie alle darin enthaltenen einzelnen Beiträge und Abbildungen sind urheberrechtlich geschützt. Jede Verwertung, die nicht ausdrücklich vom Urheberrechtsschutz zugelassen ist, bedarf der vorherigen Zustimmung des Verlages. Das gilt insbesondere für Vervielfältigungen, Bearbeitungen, Übersetzungen, Mikroverfilmungen, Auswertungen durch Datenbanken und für die Einspeicherung und Verarbeitung in elektronische Systeme. Alle Rechte, auch die des auszugsweisen Nachdrucks, der fotomechanischen Wiedergabe (einschließlich Mikrokopie) sowie der Auswertung durch Datenbanken oder ähnliche Einrichtungen, vorbehalten.

Impressum:

Copyright © 2012 GRIN Verlag GmbH
Druck und Bindung: Books on Demand GmbH, Norderstedt Germany
ISBN: 978-3-656-58018-8

Dieses Buch bei GRIN:

http://www.grin.com/de/e-book/267644/haftendes-eigenkapital-von-banken-aufsichtsrechtliche-anforderungen-und

GRIN - Your knowledge has value

Der GRIN Verlag publiziert seit 1998 wissenschaftliche Arbeiten von Studenten, Hochschullehrern und anderen Akademikern als eBook und gedrucktes Buch. Die Verlagswebsite www.grin.com ist die ideale Plattform zur Veröffentlichung von Hausarbeiten, Abschlussarbeiten, wissenschaftlichen Aufsätzen, Dissertationen und Fachbüchern.

Besuchen Sie uns im Internet:

http://www.grin.com/

http://www.facebook.com/grincom

http://www.twitter.com/grin_com

WHL Wissenschaftliche Hochschule Lahr

Studiengang Finance and Banking

Seminararbeit 1

Haftendes Eigenkapital von Banken: Aufsichtsrechtliche Anforderungen und Auswirkungen auf die aktuelle Kreditvergabemöglichkeit deutscher Großbanken

vorgelegt am:
07.04.2012

von:
Pamela Wittenberg,

Inhaltsverzeichnis

Abkürzungsverzeichnis III

Abbildungsverzeichnis III

1 Einleitung 1

2 Grundlagen Grossbanken, Haftendes Eigenkapital und dessen Bedeutung bei der Kreditvergabe 2

    2.1 Begriffsdefinition Grossbanken 2

    2.2 Haftendes Eigenkapital als Teil des aufsichtsrechtlichen Kapitals 2

    2.3 Bisherige Beschränkungen der Kreditvergabemöglichkeit durch das haftende Eigenkapital 3

3 Aktuelle Regelungen und Änderungen durch Basel III 4

    3.1 Anforderungen an Kapitalquoten 4

        3.1.1 Veränderung der anrechenbaren Kapitalbestandteile 4

    3.2 Prozyklizität als Einflussgrößen 5

    3.3 Weitere Veränderungen der Höhe des haftenden Eigenkapitals 6

        3.3.1 Erhöhung der Abzugspositionen 6

        3.3.2 Beschränkungen in der Anrechnung hybrider Instrumente 6

        3.3.3 Verluste aus der Finanzmarktkrise 7

        3.3.4 Veränderungen bei den Verbriefungsbestimmungen 7

4 Auswirkungen auf die Grossbanken 8

    4.1 Ausmaß der Auswirkungen 8

    4.2 Untersuchung möglicher Auswirkungen anhand ausgewählter Praxisbeispiele 9

        4.2.1 Deutsche Bank AG 9

        4.2.2 Commerzbank AG 10

        4.2.3 Hypo Vereinsbank AG 11

    4.3 Konsequenzen für die Kreditvergabe deutscher Großbanken 11

        4.3.1 Erhöhung des haftenden Eigenkapitals 11

        4.3.2 Reduktion der Risikopositionen 11

5 Fazit 13

Literaturverzeichnis 14

Abkürzungsverzeichnis

Abs.	Absatz
bzw.	Beziehungsweise
BaFin	Bundesanstalt für Finanzdienstleistungsaufsicht
BCBS	Baseler Ausschuss für Bankenaufsicht
CEBS	Committee of European Banking Supervisors
CRD	Capital Requirements Directive
EBA	European Banking Authority
FSB	Finanzstabilitätsrat
IFRS	International Financial Reporting Standards
IRBA	Internes-Rating-basierter Ansatz
KSA	Kreditrisikostandardansatz
KWG	Kreditwesengesetz
TFICF	Task Force on the Impact of the new Capital Framework (Arbeitsgruppe von CEBS und BSC)
z.B.	zum Beispiel

Abbildungsverzeichnis

Abbildung 1: Aufsichtsrechtliches nach Basel II 4
Abbildung 2: Stufenweise Umsetzung der Kapitalquoten nach Bael III 6

1 Einleitung

Zur Sicherung einer angemessenen Eigenkapitalausstattung von Banken[1] und der Schaffung einheitlicher Wettbewerbsbedingungen unterliegen Banken besonderen aufsichtrechtlichen Anforderungen. Hierzu gehören Eigenkapitalvorschriften, die vom Baseler Ausschuss für Bankenaufsicht (BCBS) unter dem Begriff Basel II eingeführt wurden und seit dem 01. Januar 2007 gemäß EU-Richtlinien 2006/48/EG und 2006/49/EG anzuwenden sind. In Deutschland wurde die Richtlinie durch das Kreditwesengesetz (KWG) und die Solvabilitätsverordnung umgesetzt. Das haftende Eigenkapital von Banken dient gemäß § 10 KWG dazu, im Insolvenzfall als Haftungsmasse zur Verfügung zu stehen. Neben dem Gläubigerschutz dienen aufsichtsrechtliche Anforderungen zudem zur Sicherung der Stabilität des gesamten Bankensystems[2].

Banken generieren ihre Umsätze im Allgemeinen durch die Vergabe von Krediten. Hierbei werden Gelder an Kreditnehmer entliehen und Zinsen vereinnahmt. Die daraus erzielten Gewinne wiederum dienen der Ausschüttung des durch die Anteilseigner bereitgestellten Kapitals. Aufgrund der aufsichtsrechtlichen Anforderungen limitiert die Höhe des haftenden Eigenkapitals dabei die Kreditvergabemöglichkeiten.

Während der letzten Finanzkrise hat sich gezeigt, dass das Eigenkapital von Banken im Verhältnis zu den eingegangenen Risiken nicht ausgereicht hat. Daher müssen zukünftig deutlich strengere Auflagen erfüllt werden, welche aus dem Reformpaket des Baseler Ausschuss für Bankenaufsicht hervorgeht und unter Basel III bekannt sind. Die Verlustfähigkeit der Kreditinstitute soll durch eine höhere Eigenkapitalunterlegung für riskante Positionen erreicht werden. Damit sollen die Banken krisenfester gemacht werden. Derzeit bereitet die European Banking Authority (EBA) weitere Vorgaben zur Umsetzung von Basel III vor, um auf nationaler Ebene keinen Spielraum für sachgerechte Auslegung der neuen Anforderungen zu bieten[3].

Auch wenn die Umsetzung der neuen Anforderungen erst ab 2013 in Kraft tritt, müssen sich die Banken daher schon heute rüsten. Dieser Effekt schränkt die aktuellen Kreditvergabemöglichkeiten zusätzlich ein.

---

[1] In dieser Arbeit werden die Begriffe „Bank" und „Kreditinstitut" synonym verwendet.
[2] Vgl. Börger et al.,2003, S. 415.
[3] Vgl. Arbeitsgemeinschaft Mittelstand, 2011, S.23

Die vorliegende Arbeit hat das Ziel, das haftende Eigenkapital von Banken darzustellen und die Auswirkungen der aufsichtsrechtlichen Anforderungen auf die aktuelle Kreditvergabemöglichkeiten deutscher Grossbanken in Allgemeinen und anhand ausgewählter Praxisbeispiele zu untersuchen. Im 2. Kapitel dieser Arbeit werden zunächst die grundlegende Begrifflichkeiten definiert sowie das haftende Eigenkapital und dessen Bedeutung bei der Kreditvergabe näher dargestellt. Das 3. Kapitel stellt die aktuellen Regelungen und die zukünftigen Änderungen dar. Neben Änderungen an den Anforderungen an die zukünftigen Kapitalquoten wird hier zudem auch auf weitere Einflussgrößen der Veränderung des haftenden Eigenkapitals eingegangen. Im 4. Kapitel werden die Auswirkungen der Änderungen auf die deutschen Großbanken untersucht und mögliche Konsequenzen für die Kreditvergabe dargestellt. Ein Fazit schließt diese Arbeit im 5. Kapitel ab.

2 Grundlagen Grossbanken, Haftendes Eigenkapital und dessen Bedeutung bei der Kreditvergabe

2.1 Begriffsdefinition Grossbanken

Grossbanken sind Kreditinstitute, die durch ihr umfangreiches Geschäftsvolumen und ihre überregionale Verbreitung von besonderer gesamtwirtschaftlicher Bedeutung sind[4]. In Deutschland zählen laut Statistik der Deutschen Bundesbank aktuell die Deutsche Bank AG, die Commerzbank AG, die Hypo Vereinsbank AG und die Deutsche Postbank AG dazu.

2.2 Haftendes Eigenkapital als Teil des aufsichtsrechtlichen Kapitals

Die Berechnung des haftenden Eigenkapitals wird in § 10 KWG Abs. 2 als Bestandteil der Eigenmittel geregelt. Das haftende Eigenkapital setzt sich aus dem Kernkapital („Tier-1-Kapital") und dem Ergänzungskapital („Tier-2-Kapital") abzüglich diverser Abzugsposten zusammen[5].

Das Kernkapital beinhaltet alle Mittel, die uneingeschränkt, d.h. ohne Rückzahlungsverpflichtungen, zur Verfügung stehen. Hierzu gehört das eingezahlte

---

[4] Vgl. Steiner, Rathgeber, 2006, S. 481 ff
[5] Vgl. § 10 Abs. 2 KWG

Geschäfts-, Grund- oder Dotationskapital, offene Rücklangen und Vorsorgereserven für allgemeine Bankrisiken. Sie dienen zur unmittelbaren Verlustdeckung. Die Bestandteile des Ergänzungskapitals haben dagegen einen Rückzahlungsanspruch oder werden nicht in der Bilanz ausgewiesen. Hierunter fallen nicht realisierte stille Reserven, Genussrechtskapital und der Haftsummenzuschlag bei Kreditgenossenschaften. Demnach ist das Ergänzungskapital im Vergleich zum Kernkapital von minderer Qualität in Bezug auf die Verlustdeckung[6].

Zum Ausgleich der unterschiedlichen Qualität der Eigenmittelkomponenten, wurden bei der Anrechenbarkeit Grenzen festgelegt. Bei der Ermittlung des haftenden Eigenkapitals wird das Ergänzungskapital nur bis zur Höhe des Kernkapitals anerkannt[7] und darf maximal zu 50% aus längerfristigen nachrangigen Verbindlichkeiten bestehen[8].

Ferner unterteilt sich das Kernkapital aktuell in hartes Kernkapital und Hybridkapital, wobei das harte Kernkapital mindestens 50% betragen muss[9]. Unter Hybridkapital werden Finanzierungsinstrumente verstanden, die eine Mischform zwischen Eigen- uns Fremdkapital darstellen[10]. Aufgrund ihrer Nachrangigkeit und Gewinnbeteiligung haben sie Eigenkapitalcharakter und durch die verbundene Rückzahlungsverpflichtung Fremdkapitalcharakter.

2.3 Bisherige Beschränkungen der Kreditvergabemöglichkeit durch das haftende Eigenkapital

Die Kreditvergabemöglichkeiten der Banken werden insbesondere durch Vorschriften zu Eigenmittelunterlegung beschränkt. Jeder Kredit muss mit einem bestimmten Anteil des Eigenkapitals unterlegt werden. Die Höhe der Eigenmittel begrenzt das maximale Kreditvolumen, das eine Bank vergeben darf. In welcher Höhe eine Bank Eigenmittel mindestens vorhalten muss, hängt von den Risiken ab, die sie eingeht.

Das aufsichtsrechtliche Mindestkapital berechnet sich aus den Eigenmitteln im Verhältnis zu risikogewichteten Aktiva, sowie dem operationellen Risiko und den Marktpreisrisiken. Die erforderliche Gesamtkapitalquote beträgt mindestens 8%[11]. Die risikogewichteten Aktiva bilden sich aus der Forderungshöhe und dem Kreditrisiko,

---

[6] Vgl. Luz, Scharpf, 1998, S. 89
[7] Vgl. § 10 Abs. 2 Satz 3 KWG
[8] Vgl. § 10 Abs. 2 Satz 4 KWG
[9] Vgl. Deutsche Bundesbank: Solvabilität – Eigenmittel
[10] Vgl. Gerke/Bank, 2003, S. 439
[11] Vgl. Deutsche Bundesbank: Solvabilität – Eigenmittel und Verordnung

wobei zur Ermittlung des Kreditrisikos externe oder interne Ratingansätze zulässig sind. Bei Verwendung Externer Ratings von Ratingagenturen findet der Kreditrisikoansatz (KSA) Verwendung. Der Internes-Rating-basierte Ansatz (IRBA) umfasst die internen Ratings. Dieser kann entweder als Basis- oder als fortgeschrittener Ansatz zur Anwendung kommen. Der Unterschied liegt neben der Berechnung von Ausfallwahrscheinlichkeiten in der Berücksichtigung weiterer Kriterien, z.B. Verlustquoten, Exposure of Default oder der Laufzeit[12]:

Das aufsichtsrechtliche Mindestkapital nach Basel II berechnet sich nach der folgenden Formel[13]:

$$\frac{Anrechenbare\ Eigenmittel}{RWA\ +\ 12,5\ \cdot\ (MRP+OpR)} \geq 8,00\%$$

Abbildung 1: Aufsichtsrechtliches nach Basel II[14]

Da Drittrangmittel aufgrund ihrer geringen Qualität nur zum 2,5-fachen des freien Kernkapitals (abzüglich des freien Ergänzungskapitals) zur Unterlegung von Marktpreisrisiken genutzt werden dürfen, wird der Grossteil der zur Unterlegung verfügbaren Eigenmitteln durch das haftende Eigenkapital bedient.

3 Aktuelle Regelungen und Änderungen durch Basel III

3.1 Anforderungen an Kapitalquoten

3.1.1 Veränderung der anrechenbaren Kapitalbestandteile

Die bisherige Gesamtkapitalquote von 8% setzt sich aus 4% Kernkapital und 4% Ergänzungskapital zusammen, wobei mindestens die Hälfte des Kernkapitals hartes Kernkapital darstellt.

Um Verluste in wirtschaftlich schwachen Zeiten beziehungsweise in Krisenzeiten besser abzufedern, wird zukünftig eine Mindestkapitalquote von 4,5% hartem Kernkapital, sowie einem zusätzlichen Kapitalerhaltungspuffer (Conservation buffer)

---

[12] Vgl. Finanz-Lexikon: IRB-Ansatz
[13] Vgl. Deutsche Bundesbank, 2006, S. 85
[14] Vgl. Deutsche Bundesbank, 2006, S. 85

von 2,5% eingeführt. Die Quote vorzuhaltenden harten Kernkapitals steigt somit von 4% auf 7%. Zudem sinkt die als Hybridkapital anrechenbare Quote von 2% auf 1,5%. In Gänze steigt die Kernkapitalquote demnach von 4% auf 8,5%. Darüber hinaus sinkt das anrechenbare Ergänzungskapital von 4% auf 2%[15]. Zudem sind Drittrangmittel zukünftig nicht mehr als Eigenmittel anrechenbar[16].

3.2 Prozyklizität als Einflussgrößen

Die Ausfallwahrscheinlichkeiten von Unternehmen korrelieren mit konjunkturellen Faktoren. Aufgrund sich verschlechternder Ratings erhöhen sich im Falle eines Konjunkturabschwungs die zu unterlegenden Kreditrisiken. Externe Ratings sind dabei erfahrungsgemäß weniger konjunktursensitiv, da Ratings in der Regel über einen längeren Zeitraum unverändert bleiben. Bei Wahl interner Ratings werden die Ausfallwahrscheinlichkeiten hingegen meist jedes Jahr neu ermittelt, sind stichtagsbezogen und basieren auf wesentlich kürzeren Zeitreihen, welches eine hohe Konjunktursensitivität zur Folge hat[17]. Durch die Veränderung des kreditrisikobedingten Eigenmittelerfordernisses wird in Boomphasen eine Ausweitung der Kredite möglich. Zudem erhöht sich durch Bilanzgewinne das Eigenkapital. In der Rezession reduziert sich die potentielle Kreditvergabe durch schlechtere Ratings und geringeres Eigenkapital.

Um dieser prozyklischen Wirkung zu begegnen sollen gemäß dem neuen Regelwerk, Basel III, zukünftig antizyklische Kapitalpuffer in wirtschaftlichen Aufschwungphasen für mögliche Verluste in Abschwungphasen aufgebaut werden. Dies soll durch einen antizyklischen Kapitalzuschlag von 2,5% der risikogewichteten Aktiva realisiert werden, der ebenfalls aus hartem Kernkapital bestehen muss[18]. Der Puffer dient als Erweiterung des Kapitalerhaltungspuffers und kann entsprechend den nationalen Gegebenheiten zusätzlich 0,625% - 2,5% des Kernkapitals betragen.[19]

In Summe bedeutet dies, dass das haftende Eigenkapital zukünftig von bislang 8% auf 10,5% ansteigt wobei sich die Verhältniszahlen der Bestandteile ebenfalls ändern.

---

[15] Vgl. Stiel, Hadi , 2011
[16] Vgl. Unseld, Kühne, Maier, 2011, S. 5
[17] Vgl. ONB, Finanzmarktstabilitätsbericht 5, 2003, S. 66
[18] Vgl. Die Bank, Ausgabe 05/2011, S. 25 f
[19] Vgl. Rossbach, Stefan

Diese Veränderung geht einher mit der Inkraftsetzung des neuen Regelwerkes Basel III. Die Einführung ist stufenweise von 2013 bis 2019 wie folgt geplant.

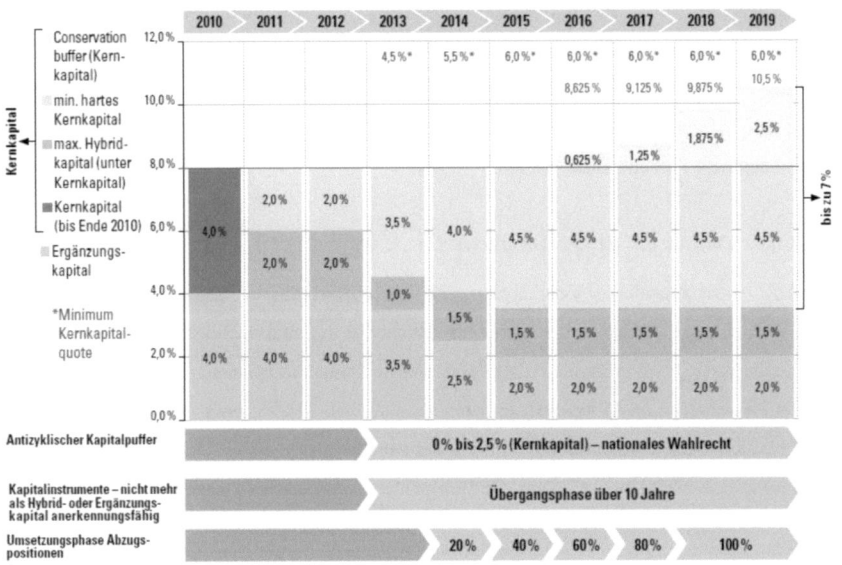

Abbildung 2: Stufenweise Umsetzung der Kapitalquoten nach Bael III[20]

3.3 Weitere Veränderungen der Höhe des haftenden Eigenkapitals

3.3.1 Erhöhung der Abzugspositionen

Ab 2014 ist eine stufenweise Erhöhung der Abzugspositionen von Kern- und Ergänzungskapital geplant, bspw. Nicht-konsolidierte Beteiligungen innerhalb des Finanzsektors, diese waren bislang hälftig anrechenbar, oder aktive latente Steuern, diese wurden bisher nicht abgezogen, zunkünftig jedoch vollständig. Auch der Haftsummenzuschlag entfällt, da dieser nicht effektiv eingezahlt ist[21].

3.3.2 Beschränkungen in der Anrechnung hybrider Instrumente

Gemäß der nationalen Umsetzung der CEBS-Leitlinien und der CRD II gelten ab 2013 stille Einlagen für Banken, die in der Form der Aktiengesellschaft geführt werden, nicht

---
[20] Vgl. KPMG Wirtschaftsprüfungsgesellschaft, 2011, S. 11
[21] Vgl. Unseld, Kühne, Maier, 2011, S. 7

mehr als hartes Kernkapital. Zukünftig umfasst das harte Kernkapital nur noch das Grundkapital und einbehaltene Gewinne[22]. Stille Einlagen die im Rahmen staatlicher Stützungsmaßnahmen gewährt wurden gelten bis zum Jahr 2018 weiter als hartes Kernkapital.[23] Für die zukünftige Anrechnung von Hybridkapital als Kernkapital, müssen diese zukünftig dauerhaft sein. Sie müssen unbefristet zur Verfügung stehen oder eine Laufzeit von mindestens 30 Jahren ausweisen, wobei eine Rückzahlung nur nach Zustimmung der BaFin erfolgen darf. Dabei müssen laufende Zahlungen für unbegrenzte Zeit ausfallen können.[24]

3.3.3 Verluste aus der Finanzmarktkrise

Zur internationalen Vergleichbarkeit der Abschlüsse kapitalmarktorienterter Unternehmen wurden unter anderem 2005 die International Financial Reporting Standards (IFRS) verbindlich eingeführt. Diese beinhalten Bilanzierungsregeln, welche die Bewertung von Finanzinstrumenten zu aktuellen Marktpreisen und nicht (z.B. zu ihrem Kaufwert) vorschreiben[25]. Wie in der gegenwärtigen Krise sind die Banken daher gezwungen, nach Kursverlusten ihre Wertpapierbestände neu zu bewerten.
In der Konsequenz müssen Banken hohe Wertminderungen bzw. Abschreibungen in den Bilanzen verbuchen. Dies führt zu einer Verkleinerung des Gewinnes und möglichen Verlusten, wodurch die Rücklagen bzw. das Eigenkapital aufgezehrt werden und Kreditinstitute die Kreditvergabe einschränken müssen[26].

3.3.4 Veränderungen bei den Verbriefungsbestimmungen

Auch im Bereich der Verbriefungen sind Änderungen geplant. Während der Finanzmarktkrise hat sich gezeigt, dass Verbriefungen viel höheren Kursschwankungen unterliegen als Unternehmensanleihen. Zum einen soll der relevante Sicherheitsabschlag (haircut) bei Verbriefungen zukünftig doppelt so hoch sein wie bei ähnlich bewerteten Unternehmensanleihen, zum anderen sollen Weiter-Verbriefungen nicht mehr als Sicherheiten zugelassen werden. Zusätzlich wird die Eigenkapitalunterlegung von Widerverbriefungen deutlich erhöht. Für diese gelten in Zukunft Gewichtungsfaktoren, die in der Spitze mehr als doppelt so hoch sind wie die

---

[22] Vgl. Rossbach, Stefan
[23] Vgl. Bundesministerium der Finanzen
[24] Vgl. Sternberg, Colette, 2010
[25] Vgl. Zingel, Harry, 2009 S. 79
[26] Vgl. Konrad Adenauer Stiftung, 2009, S. 16

von einfachen Verbriefungen.[27]. Das neue Regelwerk Basel III beinhaltet zudem weitere Verschärfungen für Verbriefungen, wie bspw. 5% Rückbehalt vom Originator, Erweiterung der Informationspflicht für Investoren, Durchführung von regelmäßigen Stresstests und Nachweispflicht an die BaFin[28].

4 Auswirkungen auf die Grossbanken

4.1 Ausmaß der Auswirkungen

Welche Auswirkungen die veränderten Anforderungen auf die aktuelle Kreditvergabemöglichkeit deutscher Banken hat, wurde bereits 2010 in einer unfassenden Auswirkungsstudie auf europäischer Ebene von der Task Force on the Impact of the new Capital Framework (TFICF) durchgeführt[29]. Darüber hinaus wurden die möglichen Auswirkungen in diversen weiteren Publikationen näher beleuchtet.

Festzustellen ist, dass die strengen Regeln der Kapitalausstattung direkte Auswirkungen auf den Kapitalbedarf von Finanzinstituten haben. Das benötigte Kapital muss zukünftig bis zu 13 % des Gesamtkapitals betragen. Heute sind es nur 8%. Davon sind dann 85 % als Kernkapital zu halten sind. Heute sind es nur 50%[30].

Darüber hinaus haben die G20-Staaten im Herbst letzten Jahres eine vorläufige Liste der 29 weltweit wichtigsten Banken veröffentlicht. Hierunter befinden sich ebenfalls die deutschen Grossbanken Deutsche Bank und Commerzbank. Diese Institute wurden als systemrelevant eingestuft. Um diese Banken besser für Krisensituationen zu rüsten und im Notfall eine Restrukturierung oder Abwicklung ohne Verwerfungen im weltweiten Finanzsystem zu ermöglichen, ist ein zusätzlicher Kapitalpuffer von bis zu 3,5% geplant[31]. Diese Banken müssen somit zukünftig eine Kapitalquote von bis zu 16,5% erfüllen. Die endgültige Liste des Finanzstabilitätsrat (FSB) wird jedoch erst in 2014 erwartet.

Gemäß einer Studie des Bundesverbands Deutscher Banken wird von einem Kapitalmehrbedarf von ca. 105 Milliarden EUR allein schon bei den 10 größten

---

[27] Vgl. vbw – Vereinigung der Bayrischen Wirtschaft e.v., 2010
[28] Vgl. Sternberg, Colette, 2010
[29] vgl. CEBS 16.12.2010, S. 7 f
[30] Vgl. Die Bank, Ausgabe 05/2011, S. 27 f
[31] Vgl. Bremser, Frank; Financial Times Deutschland, S. 1

deutschen Banken gerechnet[32]. Grundsätzlich führt die Änderung der aufsichtsrechtlichen Rahmenbedingungen im Vergleich zur bisherigen Regelung für Banken zu einer Verknappung des haftenden Eigenkapitals. Zum einen stehen Banken nun vor der Herausforderung, sowohl die neuen Kapitalquote als auch deren Zusammensetzung fristgerecht zu erfüllen zum anderen die benötigte Eigenkapitalverzinsung sicherzustellen. Aktionäre profitieren zwar von einem stabileren Unternehmenswert, jedoch kann die erforderliche Aufstockung des Kapitals eine Schmälerung von Dividenden zur Folge haben, welches die Beschaffung von neuem Eigenkapital für die Banken erschwert.

Die Verschärfung der Eigenkapitalregeln führt zu einer stringenteren uns weitaus risikoaverseren Handhabung, sowie stärkeren Zurückhaltung der Banken bei der Kreditvergabe.

Um Ausfallrisiken, welche am Ende zur Verringerung von Eigenkapital führen können zu minimieren, werden Kreditvergaberichtlinien verschärft. In Folge dessen ist mit einer Erhöhung der Kreditzinsen zu rechnen, um der Verzinsung des Eigenkapitals nachkommen zu können[33]. Unternehmer mit einer weniger guten Bonität werden zukünftig nur teurere Kredite erhalten oder gar keine Kredite mehr ausgereicht bekommen[34]. Aufgrund der Nichtanrechenbarkeit von stillen Einlagen wird darüber hinaus von erhöhten Refinanzierungskosten ausgegangen.

Um ein größtmögliche Kreditvergabe sowie Verzinsung des Eigenkapitals zu gewährleisten sind sowohl der Kreditvertrieb als auch der Kreditvergabe-Prozess den neuen Gegebenheiten anzupassen, bspw. wird eine Spezialisierung auf Kundengruppen oder Kernmärkte empfohlen, um die Steuerung der Risiken zu erleichtern.

4.2 Untersuchung möglicher Auswirkungen anhand ausgewählter Praxisbeispiele

4.2.1 Deutsche Bank AG

Aufgrund der Einstufung als systemrelevante Grossbank muss die Deutsche Bank einen zusätzlichen Kapitalpuffer von 2,5 % vorhalten. Somit beträgt die zukünftige Kapitalquote inkl. Hybridkapital, Ergänzungskapital und Puffer bis zu 15,5%[35]. Die

---

[32] Vgl. Rossbach, Stefan
[33] Vgl. AWI Treuhand, S. 15
[34] Vgl. IHK – Industrie- und Handelskammer Mittlerer Niederrhein, S. 1
[35] Vgl. Financial Times Deutschland: Basel III Eigenkapitalregeln, S. 1

Kernkapitalquote (Tier 1-Kapitalquote) betrug zum Ende 2011 12,9%, ohne Hybridinstrumente 9,5%, berechnet nach den derzeit gültigen Regelungen nach Basel II[36]. Nach Berücksichtigung der Basel III Anrechnungsmethoden wird erwartet, dass die Kernkapitalquote ohne Hybridinstrumente Anfang 2013 jedoch auf 8% sinken wird[37]. Um den zukünftigen Kernkapitalanforderungen gerecht zu werden, werden bis zu 7% hartes Kernkapital plus des zusätzlichen Kapitalpuffer von 2,5% (wegen Systemrelevanz) benötigt, in Summe somit 9,5% in 2019. Damit liegt die Deutsche Bank kurzfristig über der vorgegebenen Mindestanforderung, ist langfristig jedoch gezwungen, das harte Kernkapital um weitere 1,5% zu erhöhen. Je nach Ausgestaltungskriterien des Hybridkapitals, ist anzunehmen, dass diese ebenfalls vollständig als Kernkapital angerechnet werden können. Nach Berücksichtigung des Geschäftsberichtes 2011 und auf Basis dieser Informationen ist anzunehmen, dass die Kreditvergabeprozess derzeit restriktiv und risikoavers vorgenommen wird, um die Erhöhung des haftenden Eigenkapitals weiter voranzutreiben und gleichzeitig den Aktionären Dividenden ausschütten zu können.

4.2.2 Commerzbank AG

Auch die Commerzbank wurde durch den FSB als relevante Großbank eingestuft. Sie muss jedoch nur einen zusätzlichen Kapitalpuffer von 1,0% vorhalten, da sie lediglich als national systemrelevantes Institut eingestuft wurde. Somit beträgt die zukünftige Kapitalquote bis zu 14,0%[38]. Nach dieser Einstufung benötigt die Commerzbank zur Erfüllung der Mindestkapitalanforderungen gemäß eines Berichtes der Nachrichtenagentur Reuters ca. 5 Mrd. Euro[39]. Bereits seit Anfang 2011 versucht die Commerzbank diesen Bedarf verstärkt durch den Tausch von Hybridkapital in Aktien zu realisieren[40]. Zudem hat die Commerzbank Ende letzten Jahres verkündet, dass Sie bis Juni 2012 das Kredit-Neugeschäft einstellen wird. Ziel ist die Reduktion ihrer risikogewichteten Positionen. Zudem sind weitere Kapitalerhöhungen und Veräußerungen von Beteiligungen geplant[41].Nach Umsetzung aller geplanten Maßnahmen ist eine Kernkapitalquote (Tier 1-Kapitalquote) von über 11% geplant[42].

---

[36] Vgl. Deutsche Bank, Zahlen und Fakten
[37] Vgl. Financial Times Deutschland: Basel III Eigenkapitalregeln, S. 1
[38] Vgl. Financial Times Deutschland: Basel III Eigenkapitalregeln, S. 1
[39] Vgl. Financial Times Deutschland: Angst vor neuer Staatsstütze, S.1
[40] Vgl. Financial Times Deutschland: Folge von Basel III Commerzbank, S.1
[41] Vgl. Creditolo
[42] Vgl. Reuters Deutschland, S.1

4.2.3 Hypo Vereinsbank AG

Mit einer Kernkapitalquote nach Basel II von knapp 16% übertrifft die Hypo Vereinsbank AG schon heute die zükunftigen Midestkapitalanforderungen[43]. Ermöglicht wurde dies durch die Intergration des Finanzinstitutes in die UniCredit und dem Verkauf der ehemaligen Tochter Bank Austria, dessen Verkaufserlöse nicht reinvestiert wurden[44]. Die Hypo Vereinsbank verfolgt weiterhin eine wachstumsorientierte Kreditpolitik[45]. Jedoch stand auch die Hypo Vereinsbank Mitte letzten Jahres vor der Entscheidung, Kreditfinanzierungen aufgrund der neuen Kapitalanforderungen aufgeben zu müssen[46].

4.3 Konsequenzen für die Kreditvergabe deutscher Großbanken

4.3.1 Erhöhung des haftenden Eigenkapitals

Sollte aufgrund der zukünftigen aufsichtsrechtlichen Anforderungen zusätzliches Eigenkapital notwendig sein, haben die deutschen Grossbanken verschiedene Möglichkeiten. In der Innenfinanzierung wären bspw. Gewinnthesaurierungen oder Ausschüttungssperren möglich[47]. Des Weiteren könnte Hybridkapital in Eigenkapital gewandelt oder Beteiligungen veräußert werden. Zudem wäre auch die Nutzung des Wahlrechtes bezüglich der Bildung von latenten Steuern denkbar[48]. Neben der Erfüllung der Mindestkapitalanforderungen ist festzustellen, dass eine Erhöhung des Kernkapitals um 1 Euro aktuell eine Erhöhung der Kreditvergabemöglichkeit um 12,50 zur Folge hat[49]

4.3.2 Reduktion der Risikopositionen

Da das haftende Eigenkapital zunehmend ein knappes Gut ist und dessen Erhöhung nicht ohne weiteres möglich ist, erfordern die zukünftigen aufsichtsrechtlichen Anforderungen eine möglichst effiziente Verwendung. Um eine weitere Kreditvergabe zu ermöglichen, wären daher mögliche Konsequenzen eine bessere Risikobeurteilung von Krediten durch Verwendung fortgeschrittener Ratingansätze oder des Externen

---

[43] Vgl. Hypo Vereinsbank AG, Zahlen und Fakten
[44] Vgl. IHK – Industrie- und Handelskammer für München und Oberbayern, S.1
[45] Vgl. IHK – Industrie- und Handelskammer für München und Oberbayern, S.1
[46] Vgl. Lüdke, Ines, 1998, S. 14
[47] Vgl. Gerke/Bank, 2003, S. 302-306
[48] Vgl. Unseld, Kühne, Maier, 2011, S. 9
[49] Vgl. Hartmann-Wendels et al., 2007, S. 539-542

Ratings. Zudem wäre eine Konzentration auf Kerngeschäftsfelder und Einschränkung der Diversifikation von Krediten möglich. Auch die Nutzung sämtlicher Risikominderungstechniken, bspw. Netting und Sicherheitenanrechnung wären denkbar oder der Verkauf oder die vorzeitige Auflösung von identifizierten Risikoaktiva[50]. Weitere Konsequenz wäre auch die Beschränkung von langfristigen Krediten. Demzufolge könnte sich der gesamte Kreditvergabeprozess als Konsequenz der veränderten Rahmenbedingungen ändern. Zudem wären Risikoaufschläge für Kredite an Unternehmen mit schlechterer Bonität vorstellbar, um die erhöhten Eigenkapitalerfordernisse zu rechtfertigen bis hin zur Reduktion der Kreditvergabe ausschließlich an Kreditnehmer mit einem Mindestrating.

---

[50] Vgl. Unseld, Kühne, Maier, 2011, S. 11

5 Fazit

Die Überarbeitung der aufsichtsrechtlichen Anforderungen im Sinne von Basel III und die Vorgabe einheitlicher Standards durch die EBA ermöglichen sowohl innerhalb Europas als auch auf nationaler Ebene eine einheitliche Anwendung bei der Anrechnung von Eigenkapitalbestandteilen und schafft damit grundsätzlich einheitliche Wettbewerbsbedingungen. Voraussetzung hierfür ist jedoch, es werden keine nationalen Sonderrechte während der Umsetzung verhandelt[51].

Das haftende Eigenkapital gilt als limitierender Faktor für die Kreditvergabemöglichkeiten von Banken. Eine zusätzliche Verschärfung der aufsichtsrechtlichen Anforderungen nach Basel III hat erhebliche Auswirkungen und schränkt die Kreditvergabemöglichkeiten generell weiter ein.

Für die Beurteilung dessen, welche Auswirkungen aktuelle und zukünftige aufsichtrechtliche Anforderungen auf die Kreditvergabemöglichkeiten deutscher Großbanken haben, ist zu unterscheiden, ob sich die benannten Banken bereits für die anstehenden Veränderungen gerüstet haben. Zum Einen ist demnach zu beurteilen, ob bereits eine ausreichende Kapitaldeckung mit den geforderten Bestandteilen vorhanden ist, um die risikotragenden Positionen decken zu können. Zum Anderen hängt eine weitere Kreditvergabe auch von der Zusammensetzung des vorhandenen Kreditportfolios ab. Weist dieses hohe risikotragende Positionen aus, ist die Möglichkeit zur Neugeschäftsvergabe entsprechend beschränkt. Im Rahmen dieser Arbeit kann zudem keine pauschale Aussage darüber getroffen werden, welche Großbank die stärksten Auswirkungen aufgrund der aktuellen aufsichtsrechtlichen Anforderungen wiederfährt. Es ist jedoch anzunehmen, dass Grossbanken im Allgemeinen ihren Kreditvergabeprozess optimieren und ihre Kreditvergabe restriktiv und eigenkapitalschonend ausrichten werden.

---

[51] Vgl. Suyter, Alexander, 2012, S. 1

Literaturverzeichnis

1. Arbeitsgemeinschaft Mittelstand: *Basel III: Unternehmensfinanzierung im Mittelstand sichern*, 2011

2. AWI Treuhand: *Höhere Anforderungen an Kreditvergabe*, http://www.awi-treuhand.de/fileadmin/download/GBB_Maerz_2011.pdf, Abrufdatum 26.03.2012

3. Böger, Andreas / Heidorm, Thomas / Rupprecht, Stephan - Frankfurt School of Finance & Banking: *Einführung in das Kapitalstrukturmanagement bei Banken*, Working Paper Series No. 121, 2009

4. Börger, Andreas / Cruschwitz, Christiane / Podobnik, Gerald / Rast, Martin: *Herausforderungen und Lösungsansätze für das Kapitalmanagement deutscher Banken*, in: Zeitschrift für das gesamte Kreditwesen, 56. Jg., H. 8, 2003

5. Bremser, Frank; Financial Times Deutschland: *Eigenkapitalanforderungen: Zwei deutsche Banken weltweit systemrelevant*, 04.11.2011, http://www.ftd.de/unternehmen/finanzdienstleister/:eigenkapitalanforderungen-zwei-deutsche-banken-weltweit-systemrelevant/60125219.html, Abrufdatum 17.03.2011

6. Bundesministerium der Finanzen: *Basel III*; http://www.bundesfinanzministerium.de/nn_39814/DE/BMF__Startseite/Servic e/Glossar/B/022__Basel__III.html, Abrufdatum 04.04.2012

7. CEBS - Committee of European Banking Supervisors: *Results of the comprehensive quantitative impact study*, 2010, http://www.eba.europa.eu/cebs/media/Publications/Other%20Publications/QIS/ EU-QIS-report-2.pdf, Abrufdatum 15.03.2012

8. Creditolo: *Höhere Kapitalanforderungen der Europäischen Bankenaufsicht, Euro-Krise: Commerzbank stellt Kreditvergabe ein*, 08.11.2011, http://www.creditolo.de/aktuell/478/euro-krise-commerzbank-stellt-kreditvergabe-ein/, Abrufdatum 15.03.2012

9. Deutsche Bank: Zahlen *und Fakten*, http://www.deutsche-bank.de/de/content/company/zahlen_und_fakten.htm, Abrufdatum 26.03.2012

10. Deutsche Bundesbank: *Die Umsetzung der neuen Eigenkapitalregelungen für Banken in deutsches Recht*, in: Deutsche Bundesbank (Hrsg.), Monatsbericht Dezember 2006

11. Deutsche Bundesbank: *Solvabilität – Eigenmittel*, http://www.bundesbank.de/bankenaufsicht/bankenaufsicht_eigen_eigenmittel.php, Abrufdatum 26.03.2012

12. Deutsche Bundesbank: *Solvabilität – Eigenmittel und Verordnung über die angemessene Eigenmittelausstattung von Instituten, Institutsgruppen und Finanzholding-Gruppen (Solvabilitätsverordnung - SolvV)*, http://www.bundesbank.de/bankenaufsicht/bankenaufsicht_eigen.php, Abrufdatum 26.03.2012

13. Die Bank: Basel *III – eine kritische Würdigung*, Ausgabe 05/2011

14. Financial Times Deutschland: Angst vor neuer Staatsstütze: Anleger nehmen Reißaus bei der Commerzbank, http://www.ftd.de/unternehmen/finanzdienstleister/:angst-vor-neuer-staatsstuetze-anleger-nehmen-reissaus-bei-der-commerzbank/60132630.html?mode=print, Abrufdatum 26.03.2012

15. Financial Times Deutschland: *Basel-III-Eigenkapitalregeln: Deutsche Bank braucht Milliarden für Sicherheitspuffer*, http://www.ftd.de/unternehmen/finanzdienstleister/:basel-iii-eigenkapitalregeln-deutsche-bank-braucht-milliarden-fuer-sicherheitspuffer/60070708.html?mode=print, Abrufdatum 26.03.2012

16. Finanz-Lexikon: *IRB-Ansatz*, http://www.finanz-lexikon.de/irb-ansatz_3618.html, Abrufdatum 30.03.2012

17. Gerke, Wolfgang / Bank, Matthias: *Finanzierung. Grundlagen für Investitions- und Finanzierungsentscheidungen in Unternehmen*, 2. Auflage, Stuttgart, 2003

18. Hartmann-Wendels, Thomas / Pfingsten, Andreas / Weber, Martin: *Bankbetriebslehre*, 4 Auflage, Berlin, Heidelberg, 2007

19. Hypo Vereinsbank AG, *Zahlen und Fakten*, http://about.hypovereinsbank.de/de/ueberuns/zahlenundfakten/, Abrufdatum 21.03.2012

20. IHK – Industrie- und Handelskammer Mittlerer Niederrhein: *Basel III/Rating*, Dokumentennummer : 103, http://krefeld.ihk.de/ihk/starthilfe/informationen-auskuenfte/basel-ii-rating/basel-ii-rating-103-content#4, Abrufdatum 26.03.2012

21. IHK – Industrie- und Handelskammer für München und Oberbayern: *HypoVereinsbank - Hohes Eigenkapital, wachstumsorientierte Kreditpolitik*, 02.2011, http://www.muenchen.ihk.de/mike/WirUeberUns/Publikationen/Magazin-wirtschaft-/Aktuelle-Ausgabe-und-Archiv2/Magazin-01-20112/Politik-und-Standort/HypoVereinsbank-Hohes-Eigenkapital-wachstumsorientierte-Kreditpolitik.html, Abrufdatum 26.03.2012

22. Konrad Adenauer Stiftung: *Fragen und Antworten zur finanz- und Wirtschaftskrise*, http://www.kas.de/wf/doc/kas_16827-544-1-30.pdf&090626100438, 2009, Abrufdatum 21.03.2012

23. KPMG Wirtschaftsprüfungsgesellschaft: *Basel III, Handlungsdruck baut sich auf: Implikationen für Finanzinstitute*, 2011

24. KWG: Kreditwesengesetz in der Fassung der Bekanntmachung vom 9. September 1998 (BGBl. I)

25. Lüdke, Ines: Basel *III gefährdet die Exportfinanzierung*, Juli/August 2011, www.hypovereinsbank.de/.../Finance_08_2011_04_Kommentar_UC, Abrufdatum 26.03.2012

26. Luz, Günther / Scharpf, Paul: *Marktrisiken in der Bankenaufsicht – Umsetzung der Marktrisikoregeln der Kapitaladäquanzrichtlinie*, Stuttgart, 1998

27. Oesterreichischer Nationalbank und Finanzmarktaufsicht FMA: *Kreditvergabeprozess und Kreditrisikomanagement*, Wien, 2004

28. O.V.: *Folge von Basel III Commerzbank sammelt frisches Kernkapital ein*, in Financial Times Deutschland, 13.01.2011, S. 3

29. Reuters Deutschland: *Commerzbank: Können EBA-Kapitalanforderungen übererfüllen*, 29.03.2012, http://de.reuters.com/article/companiesNews/idDEBEE82S06M20120329, Abrufdatum 04.04.2012

30. Rossbach, Stefan: Basel *III – Kreditvergabe in der Klemme?*, http://www.tme-ag.de/Basel_III_Kreditvergabe.pdf, Abrufdatum 31.03.2012

31. Steiner, Manfred / Rathgeber, Andreas: *Kennzahlensysteme in der Banksteuerung*, in Herausforderungen Bankmanagement – Entwicklungslinien und Steuerungsansätze, Frankfurt am Main, 2006

32. Sternberg, Colette: *Nach der Novelle ist vor der Novelle Was kommt mit Basel III?*, http://www.consultingpartner.de/files/genobip_2010_colette_sternberg.pdf, 2010

33. Stiel, Hadi: *Trügerische Hoffnung Basel III*; http://www.computerpartner.at/sites/dynamic.pl?id=news20080805131654569, Abrufdatum 26.03.2012

34. Suyter, Alexander - Bankverlag: *Basel III: Grundlage einheitlichen Wettbewerbs?*; 09.01.2012, http://www.bank-verlag.de/index.php?id=32&no_cache=1&no_cache=1&tx_ttnews[backPid]=14&tx_ttnews[tt_news]=825&cHash=6ee148462589c2e21577d350c514f563&S=4, Abrufdatum 26.03.2012

35. Unseld, Eva / Kühne, Jan / Maier, Steffen: *Eigenkapital und Liquiditätssteuerung nach Basel III: Überblick und Auswirkungsanalyse*, Köln, 2011

36. vbw – Vereinigung der Bayerischen Wirtschaft e. V.: *Vor- und Nachteile der Änderungsvorschläge zu Basel III*; 2010, www.vbw-bayern.de/agv/downloads/48270@agv/information, Abrufdatum 26.03.2012

37. Zingel, Harry: *International Financial Reporting Standards, IFRS und IAS 2009:Grundbegriffe der internationalen Rechnungslegung*, 2009,